PROF. DR. BERNO WISCHMANN

Eine
Liebeserklärung
an den
Sport

SPORT UND MEDIEN VERLAG · MAINZ

„Altsein macht Spaß!"

Für die großzügige Unterstützung bei der Veröffentlichung dieses Buches bedankt sich der Herausgeber besonders beim Ministerium des Innern und für Sport des Landes Rheinland-Pfalz.

Impressum:
Herausgeber:
Landessportbund Rheinland-Pfalz

Redaktion:
Hans-Peter Schössler
Illustrationen:
Eberhard Stroot
Gestaltung und Layout, Herstellung:
Ernst Riescher, Immenstadt
Foto, Titelbild: privat
Foto Seite 2/3:
Günter Kreft
ISBN 3-9802483-8-0

VORWORT

Liebe Leser,

was ich auf den nachfolgenden Seiten geschrieben habe, ist keine wissenschaftliche Abhandlung. Es ist die Story von meinem alterslosen, glücklichen Lebensabend, der mir keinerlei Anlaß zum Nörgeln gibt. Wer aber nichts tut, als nur älter zu werden, und glaubt, daß sich im Alter Wohlbefinden und Spaß ohne eigenes Zutun einstellen, der irrt sich gewaltig und darf sich nicht wundern, wenn dann mit zunehmendem Alter ein Tag so öde wie der andere ist und er dabei immer mehr verschimmelt. Das passiert oft.

Mein guter Freund im Alter ist der Sport, über den oft hergezogen wird, der mich aber schon in frühester Jugend begeisterte, um dann mit dem Älterwerden, neben Familie und Beruf, zu einer wichtigen Seite meines Lebens zu werden, und der mich bis auf den heutigen Tag mit eindrucksvollen Erlebnissen und Gesundheit reich beschenkt hat. Darüber werde ich Sie gleich genau und wahrheitsgetreu in Kenntnis setzen. Schön wäre es, wenn meine Gedanken den einen oder anderen ein wenig zum Nachdenken bringen würden.

Ich danke meinem Freund Hans-Peter Schössler, der den Titel „Altsein macht Spaß" vorgeschlagen hat und mich dazu anhielt, mich aus eigener Erfahrung mit diesem nicht unwichtigen Thema zu beschäftigen. Mein Dank gilt aber auch meinem tüchtigen Schüler Eberhart Stroot, der die Zeichnungen zu meiner Story angefertigt hat.

Handball
Fußball
E.S.

LEBENSFREUDE STATT LEBENSLEID

Ich befinde mich im einundachtzigsten Lebensjahr. Ich bin also ein „alter Knacker". Aber, um es gleich vorwegzunehmen: Ich fühle mich wie ein junger Dachs und pudelwohl; ganz im Gegensatz zu vielen meiner Altersgenossen.

Es sind keine Einzelfälle, die ihrem Unmut mit den Worten Luft machen: „Altwerden ist nicht schön!" Manche sprechen sogar ganz verzweifelt von ihrem erbärmlichen oder beschissenen Lebensabend.

Wie kommt es, daß so viele alte Leute mit ihrem Leben unzufrieden sind? Was ist es, das ihnen das Leben so schwer macht?

Wer mit einer Lampe in das Leben unserer alten Mitbürger hineinleuchtet, wird schnell auf eine ganze Reihe von Problemen stoßen, mit denen sie sich herumplagen und deretwegen sie von ihrem letzten Lebensabschnitt die Nase voll haben. Häufige Probleme sind zum Beispiel: Isolation, mangelnde Kontakte, Vereinsamung, Langeweile, Hilflosigkeit. Zu körperlichen Beschwerden und nachlassender Leistungsfähigkeit können gesellschaftliche und familiäre Störfaktoren kommen, die sie belasten, mutlos und pessimistisch machen und ihr Wohlbefinden, das nicht nur von der körperlichen, sondern auch von der geistig-seelischen Gesundheit bestimmt wird, beeinträchtigen. Mit dem Älterwerden ist manche Freude abhanden gekommen, jedenfalls ist das Defizit an Freude in Altenkreisen, aus der Sicht einer alten Frohnatur, recht groß!

Die oben genannten, unterschiedlichen Probleme, mit denen alte Leute leben und die ihr Lebensgefühl beeinträchtigen, ihnen Ärger oder sogar großen Kummer und Angst bereiten, werfen eine Reihe von Fragen auf.

Erstens: Wodurch sind die Betroffenen in ihre bedauerliche Situation hineingeraten? Inwieweit sind sie – abgesehen von Beschwerden, für die niemand etwas kann – an ihren Schwierigkeiten selber schuld? Hat man alles getan, was man seiner Gesundheit schuldig war; sich rechtzeitig um ein Hobby (z. B. Sport, Musik, Gesang, Malerei) und Kontakte zu anderen Menschen (z. B. in einem Verein oder Club) bemüht? Alles Dinge, die sich im Alter bezahlt machen. Es gibt auf dem weiten Feld der Freizeitgestaltung genügend Möglichkeiten dafür.

Zweitens: Läßt sich an der von vielen alten Menschen selbst verschuldeten Lage nichts ändern? Oder soll alles beim alten bleiben? Ist für sie das Leben schon gelaufen? Was können alte Menschen, die im Renten- und Pensionsalter leben, aus eigener Initiative tun, um ihre alten Tage interessanter zu gestalten und mit mehr Freude zu verbringen?

malen
musizieren
Singen
C.S.

FREUDE HAT AUFBAUENDE WIRKUNG

Ich habe in früheren Veröffentlichungen bereits auf die Bedeutung der Freude hingewiesen, die alte Menschen besonders brauchen, und deren aufbauende Wirkung in unserer Erkenntnislehre noch immer nicht die ihr gebührende Aufmerksamkeit gefunden hat. Wir wollen daher an dieser Stelle ein wenig bei der Betrachtung der Freude verweilen.
In meinem langen Leben habe ich erlebt, daß das elementare Lebensgefühl der Freude in unserem menschlichen Leben etwas ganz Entscheidendes darstellt. Mag unser Herz auch noch so schwer sein, in der Freude wird es leicht. Freude gibt Schwung, belebt und arbeitet in einer äußerst positiven Weise an uns. Freude gibt Zuversicht. Der Freudlose steht den Dingen zu nahe; er ist seiner Umgebung zu sehr verhaftet. Daher neigt er leicht zu Ärger und Streit, die Risikofaktoren für unsere Gesundheit sind. In der Freude versteht man sich mit anderen Menschen viel besser. Die Freude hilft dabei, Ärger zu unterdrücken und macht Streitenden die Versöhnung leicht. In der Freude fällt es nicht schwer, die Spielregeln menschlichen Umgangs besser zu achten, sich vom Gedanken der Fairneß leiten zu lassen, dem anderen Menschen Respekt entgegenzubringen und den Gegner nicht zu verletzen. Die Freude bedeutet für unsere Seele das gleiche wie Licht, Luft und Sonne für unseren Körper. Sie durchdringt uns, sie strahlt aus unseren Augen

heraus und vermag sogar unsere Umgebung anzustecken. Die Freude hebt uns empor. Wir sprechen daher sogar vom göttlichen Gefühl der Freude. Wie gut sind daher alle diejenigen dran, deren Leben voller Freude ist. Ich gehöre zu solchen Menschen und weiß das zu schätzen.

WAS DER SPORT BEWIRKEN KANN

Es gibt so viele Dinge, über die man sich täglich freuen kann. An oberster Stelle steht bei mir die Freude über meine gute Gesundheit, die mir im Alter beschert wird und die ich als ein großes Geschenk, als eine Gnade empfinde.

Ich glaube, nein, es ist mir im Laufe meines Lebens sogar zur Gewißheit geworden, daß ich meine Gesundheit zu einem ganz gewichtigen Teil meinem Sporttreiben verdanke. Der Sport hat mich bereits als kleinen Dreikäsehoch erfaßt. Solange ich denken kann, habe ich regelmäßig zu meinem Vergnügen Sport getrieben und dabei viele gute Freunde für's Leben gewonnen. Der Sport ist mir im Laufe meines Lebens zu einer großartigen Sache geworden, in der sich für mich viel Wundervolles ereignete.

Was ich davon in meinem Kopf behalten habe, und von dem Wissen, das ich mir in der Welt des Sports angeeignet habe, darüber will ich jetzt erzählen:

Zuerst habe ich geturnt und Fußball und Handball gespielt. Es gefiel mir, daß ich gefordert wurde, manchmal sogar verdammt hart herangenommen wurde, und daß dann Erfolge und riesige Erlebnisse folgten, wenn z. B. zum erstenmal eine Luftrolle am Barren oder eine Riesenfelge am Reck gelangen, oder ein anderes Mal zur eigenen Überraschung eine Leistung zustande kam, die man vorher für unerreichbar gehal-

Reckturnen
G.S.

ten hatte. Wahnsinn! Man hüpfte dann jubelnd hin und her. (Als Alterssportler weiß ich heute, daß es nicht immer sportliche Glanzstücke zu sein brauchen, sondern daß im Alter auch kleine Erfolgserlebnisse viel Freude auslösen können.)

Oder man war ganz stolz, wenn einem beim Fußballspiel der Ball immer besser gehorchte oder man nach ernstem Training beim nächsten Spiel seine Gegenspieler mit eingeübten Tricks überlisten konnte und dann vielleicht seinen Sturmlauf aufs Tor mit einem Schuß in eine der oberen oder unteren Ecken des Tors abschloß. Dann konnte es passieren, daß der Trainer einem nach dem Spiel die Hand auf die Schulter legte und anerkennend sagte: „Gut mein Junge, echt Spitze, was Du heute gezeigt hast". Oder man freute sich riesig, wenn einem die Zuschauer bei guten Paraden als Handball-Torwart Beifall klatschten, weil man in seiner Begeisterung Kopf und Kragen riskierte.

Eines Tages wurde die Leichtathletik zu meiner Faszination. Der Zehnkampf hatte es mir besonders angetan. Super, wenn man nach langen, harten Trainingsbemühungen immer rasanter über die Hürden hinwegzufegen vermochte, wenn die Bewegungen des Hürdenlaufs und des Stabhochsprungs immer ästhetischer, die Sprünge immer weiter und höher wurden. Welch ein Genuß auch, wenn man den Speer aus der Bogenspannung seines Rumpfes immer kräftiger hinausschleudern konnte und beim verflixten 1500-m-Lauf zusehends weniger aus der Puste kam: Mein Gott, war das alles schön, und dabei strotzte man vor Kraft.

Ich habe mit dem Sport nie aufgehört; er ist auch im Alter mein treuer Freund geblieben. Bis heute hat er seinen Reiz für mich nie verloren, wenn auch das tägliche Training um den einen oder anderen Tag reduziert worden ist. Auch die Lust, mich in Wettkämpfen zu bewähren, ist geblieben. Der Sport ist mein Element, und meine fanatische Liebe zu ihm hat einen bedeutenden Anteil daran, daß ich bis ins hohe Alter an Leib und Seele kerngesund geblieben bin. Eine Erkenntnis, die bei den meisten älteren Menschen noch in den Kinderschuhen steckt.

SPORT ALS GESUNDHEITSNAHRUNG

Sporttreiben sollte gerade für Menschen, die in die Jahre kommen, mehr Schule machen. Es könnte um das Wohlergehen vieler Menschen besser stehen. Das Maß an Bewegung ist bei den meisten Menschen zu gering. Leider hat sich die Erkenntnis, daß der Sport eine Lebensnotwendigkeit ist, in den Köpfen noch nicht genug eingebürgert. Zu viele Senioren stehen dem Sport noch fern. Ich begreife das nicht. Das Maß an Bewegung ist gerade bei den älteren Menschen zu gering. Wann werden Nichtsportler endlich einsehen, daß der Sport für junge und alte Menschen eine wichtige Nahrung für Leib und Seele ist und Erlebnisse hervorbringen kann, die nicht austauschbar sind. Ich weiß wirklich nicht, wie man es den vielen Nichtsportlern klarmachen soll, was ihnen bei einem Leben ohne Sport alles durch die Lappen geht, wofür es keinen Ersatz gibt.

Wie unglaublich wertvoll der Sport sein kann, habe ich nicht nur am eigenen Leibe verspürt.

Vor einigen Jahren saß ich bei einem Empfang mit zwei mir bekannten älteren Herren zusammen. Beide waren ganz schön übergewichtig geworden, nachdem sie sich im Rentenalter von allen Aktivitäten zurückgezogen hatten und endlich nur noch ihre Ruhe haben wollten. Ja, sie sahen blaß und elend aus. Oh Gott, was war nur mit ihnen los? Es war der selbstverschuldete miserable Gesundheitszustand, der ihnen zu schaffen machte. Bewegungsmangel und ein unersättlicher Magen können viel Schaden anrichten und waren auch ihnen teuer zu stehen gekommen. Der eine klagte darüber, daß seine Beine immer klappriger würden, und daß er beim Gehen schon einige Male Atembeschwerden gehabt hätte. Der andere teilte mir ganz verzweifelt mit, daß er sich häufig ganz erschöpft und unwohl fühle, und daß ihn ständig das schreckliche Gefühl verfolge, von den Mitmenschen nicht mehr gebraucht zu werden. Er käme sich wie eine absolute Niete vor. Auch das mache ihn krank. Aber das sei wohl leider im Alter halt so. „Es geht schnell abwärts", waren seine letzten Worte, die mich erschreckten. Ich riet den bedauernswerten alten Knaben, mit einer vernünftigen Diät abzuspecken, aber vor allem, Sport zu treiben. Das sei für sie die richtige Medizin, die viel besser sei, als sich durch Medikamente, Fürsorge, Frischzellenkuren, Knoblauch oder was weiß ich, noch notdürftig am Leben zu halten. Ich sei ganz hoffnungsvoll, daß sportliches Training – natürlich nicht nur hin und wieder, sondern regelmäßig betrieben – ihnen auf die Sprünge helfen würde, und daß sie dann wieder Spaß am Leben hätten. „Na, was denken Sie darüber?", fragte ich und stieß dabei einen der beiden an, „verdammt noch mal, Sie müssen selber anpacken, um wieder richtig auf die Beine zu kommen. Sie müssen aus Ihrem Leben selber etwas machen", ging ich mit ihnen ins Gericht.

Beide lächelten ein wenig, aber sie äußerten sich nicht. Sie saßen mit geneigtem Kopf still da und schienen darüber nachzudenken, ob an meinen Worten vielleicht doch etwas dran sein könnte.

Ich freue mich heute noch riesig darüber, daß ich damals mit meinem Vorschlag Erfolg hatte. Jawohl, beide kehrten tatsächlich von heute auf morgen ihrem bewegungsarmen Dasein sprunghaft den Rücken. Der Sport hielt Einzug in ihrem Leben. Sie machten von nun an Woche für Woche unentwegt beim Seniorensport eines Turnvereins mit.

Inzwischen sind es schon beinahe vier Jahre geworden. Aber damit nicht genug. Ich erfuhr nach einiger Zeit, daß sie am Sport so viel Gefallen gefunden hatten, daß sie häufig zusätzlich am Wochenende Radtouren unternahmen oder im Schwimmbad einige Bahnen zurücklegten. Sie ließen auch keine gesellige Veranstaltung ihres Vereins aus. Ihr früheres Leben voll gähnender Langeweile war durch das regelmäßige Sporttreiben und die vielen interessanten Erlebnisse, die sie dabei hatten, wieder lebendig geworden. In ihrem Leben war wieder Saft drin.

Vor einigen Wochen begegnete ich den beiden, als sie bei guter Laune aus ihrem Vereinstraining kamen, bei dem sie in der Gymnastik, bei Ausdauer- und Kraftübungen tüchtig geschwitzt hatten. Sie winkten mir fröhlich zu, und ich sah es ihnen an, daß sie wieder schlank, gesund und kräftig waren, wieder Zutrauen zu sich hatten, und daß der Sport dazu beitrug, daß sie jetzt im Alter eine schöne Zeit verbrachten. Ohne den Sport hätten sie das nicht geschafft! Auch auf irgendeine andere Art und Weise hätten sie das nie so geschafft!

Der Sport gehört zu einer gesunden Lebensweise. Aber die sportliche Betätigung im Alter ist nicht allein auf den Breitensport beschränkt. Es gibt inzwischen eine große Zahl von Alterssportlern, die am Leistungssport ihr Vergnügen haben. Sogar im Rentenalter fühlen sie sich nicht zu alt dazu. Sie trainieren mit größerem Zeitaufwand intensiver und härter als ihre Altersgenossen im Breitensport, um bei größeren Seniorenwettkämpfen wie z. B. Deutschen-, Europa- oder Weltmeisterschaften möglichst gut abzuschneiden. Zu dieser Sorte von Alterssportlern gehöre auch ich. Leistungstraining und Wettkampf sind auch im hohen Alter für mich ein unverzichtbarer Bestandteil meiner Lebensart geblieben und tragen dazu bei, daß ich ein neues Alter voller Lebensfreude entdeckt habe. So mag ich leben. Mit dem Sport gemeinsam alt werden, rüstig bleiben, viele frohe Stunden erleben und totale Zufriedenheit verspüren.

Viermal in der Woche, meistens nachdem meine berufliche Tätigkeit an der Universität beendet ist, aber manchmal auch schon früher, wenn ich von meiner Arbeit am Schreibtisch die Nase voll habe, nimmt mich der Sport beim Wickel und zieht mich – vor allem im Frühjahr und Sommer – auf den Sportplatz hinaus, um dort in der frischen Luft zu laufen, zu springen und zu werfen und mich dabei anzustrengen. Jetzt fühl' ich mich wohl in meiner Haut. Dann liegt der Alltagskram ganz weit hinter mir zurück.

Ich bin kein feiner Pinkel, der Golf spielt. Mir genügt der einfache, volkstümliche Sport, wie er von Menschen aus allen Etagen unserer Gesellschaft betrieben wer-

E.S.

den kann, vollkommen, um mein Vergnügen zu haben. Man braucht keinen Wohlstand dafür. Und wie fabelhaft dann hernach das Essen mit einem großen Glas Buttermilch schmeckt! Und am Abend ist der Hintern noch nicht richtig im Bett, dann schläft der Kopf schon.

Ich mag es wahnsinnig gerne, meinem Körper Anstrengungen abzuverlangen und dabei zu erleben, was er an Leistungen noch herzugeben vermag. Nicht nur der Wettkampf, sondern auch das Training sind für mich jederzeit etwas Besonderes. Es ist nicht immer ganz leicht. Ganz ohne Keuchen geht es nicht. Aber keine Bange, es wird nie eine Tortur und ist immer erlebnisreich und spannend. Und es gibt viele Anlässe, froh dabei zu sein.

Schon wenn ich zu Beginn des Trainings meine Muskeln durch leichtes Traben aufwärme und mich durch Dehn- und Lockerungsübungen auf mein eigentliches athletisches Training vorbereite, habe ich einen festen Vorsatz im Kopf. Weil das „Immer-besser-können-wollen“ zum Wesen des Menschen gehört, ein Teil seines uralten Strebens nach Vollendung ist, nehme auch ich mir zur Beginn eines jeden Trainigs vor, dieses Mal mehr als beim letzten Mal zu erreichen. Zu verbessern gibt es immer etwas.

Mit dieser Einstellung geht es zur Sache. Mängel in der Technik des Kugelstoßens, des Diskus-, Speer- oder Hammerwerfens oder des Hürdenlaufes müssen ausgebügelt werden. Ich nehme mir genügend Zeit, probiere das eine oder andere aus, um die richtigen Bewegungsabläufe immer besser in den Griff zu bekommen.

Zehnkampf
C.S.

Nicht unübel, was dann meistens dabei herauskommt, wenn man ganz bei der Sache ist. Gut, dann kann ich also darangehen, mit Medizinball, mit leichten Hanteln, am Kraftgerät oder durch Sprungübungen meine Arme, Beine und den Rumpf zu kräftigen. Mann, ist das ein großartiges Gefühl, wenn man erlebt, daß die Kräfte spürbar zugenommen haben. So etwas genießt man im höheren Alter viel mehr.

Ich habe im Laufe der Zeit herausgefunden, wie man mit seinem Körper umgehen muß, um Schritt für Schritt durch vernünftig dosierte Belastungen im richtigen Augenblick vor Wettkämpfen in Form zu sein. Und endlich ist es dann soweit, daß man sich in allen Teilen seines Körpers in Topform fühlt. Man ist hochzufrieden mit sich und kann den kommenden Wettkämpfen mit Freude entgegensehen. Steht man dann nach dem Training unter der wohltuenden Dusche, kann man sich dabei erwischen, wie man lustige Lieder singt und die Arme nach oben reckt, in dem tollen Gefühl, auf seine alten Tage noch so herrlich gesund und hungrig nach Leben zu sein.

Wenn man wie in jungen Jahren auch als Alterssportler in seinem Training total engagiert gewesen ist und kämpfen kann, bleiben die Erfolge im Wettkampf als krönende Belohnung und Gipfel eines fleißigen Trainings nicht aus. Das gilt auch für internationale Begegnungen, bei denen Alterssportler aus aller Welt und unterschiedlichen Kulturen um den Sieg streiten, und wo dann hinterher Sieger und Besiegte in fröhlicher Runde zusammen kräftig feiern, Freunde werden und solche Feste zu einem schönen Erlebnis machen. Solche Begegnungen leuchten in das Leben hinein. Sie bleiben im Gedächtnis und im Herzen haften. Und noch was: Nach der Wettkampfsaison packt mich gelegentlich die Lust, meine Beine in die Hand zu nehmen, um Wald und Feld rund um meinen Wohnsitz zu durchstreifen und dabei mir bekannte Plätze mit Brombeerhecken, Pfifferlingen, Steinpilzen oder Champignons aufzusuchen, um die Ernte dieser Köstlichkeiten ja nicht zu versäumen.

Will man an einem Nachmittag möglichst viele solcher Plätze kontrollieren, darf man nicht bummeln. Ich beschleunige daher meine Schritte und setze mich auch ab und zu in Trab. Wenn ich dann so mutterseelenallein durch die Stille, über Wildwege und durch die pure Natur, gemächlich dahintrabe, kommt es mir zu Bewußtsein, was für ein reicher Mensch ich im Alter doch bin.

SPORTLICHE ERNÄHRUNG

Ich habe im Vorangegangenen ein Loblied auf den Wert des Sports für unsere Gesundheit gesungen. Dabei darf die Rolle der Ernährung nicht vergessen werden. Die meisten Menschen – vor allem alte – sollten der richtigen Ernährung mehr Aufmerksamkeit schenken. Wer falsch ißt, kann auch nicht gesund bleiben. Seit Jahren bin ich auf der Suche nach einer gesunden, sportgemäßen Ernährung gewesen und habe eine Reihe von Essensvorschlägen von Experten ausprobiert. Da ereignete sich plötzlich folgendes: Bei einer meiner vielen Reisen in Sachen Sport nach Japan kam ich zu Beginn der siebziger Jahre auf ein kleine Insel nahe Okinawa. Ich glaube, sie heißt Oshima. Hier erfuhr ich von meinem jungen japanischen Betreuer, übrigens ein Sportstudent, der in Mainz studiert hatte, daß es auf dieser Insel im Vergleich zur Gesamtbevölkerung in der Welt den höchsten Prozentsatz an Menschen gab, die bei guter Gesundheit 100 bis 120 Jahre alt werden. Kein Wunder also, daß ich mich für deren Lebensweise interessierte.

So erfuhr ich, daß sie bis ins hohe Alter morgens, mittags und abends hin und zurück zu ihren Reisfeldern gingen, die oft mehrere Kilometer entfernt waren, um dort zu arbeiten.

Und ihre Ernährung? Ich hörte meinem jungen japanischen Freund gespannt zu, als er mir erzählte, daß sie sich in erster Linie von einer eiweiß- und vitaminreichen Kost ernährten, die aus Reis, viel Fisch, Meeres-

richtige Ernährung!!!
G.S.

früchten, aus Gemüsen und Salaten, Obst, Seetang und einem Pudding aus gemahlenen Sojabohnen bestand.

Damals habe ich mich zur Abkehr von meinem herkömmlichen Essen entschieden, meine Ernährungsweise umgestellt und sie der dieser Inselbewohner angeglichen, die bis ins hohe Alter rüstig und gesund waren. Meine Mahlzeiten bestehen seitdem vor allem aus Gemüsen und Salaten, Vollkorn- und Quarkspeisen, Müsli, Buttermilch, Kartoffeln und Käse und weniger tierischem Fett, als die meisten Menschen zu essen gewohnt sind. Es ist also eine gemäßigte vegetarische Kost, die ich jetzt im Alter ganz bewußt einnehme, die mir sehr gut bekommt und mit dazu beiträgt, daß ich gesundheitlich gut drauf bin.

Ich möchte allen meinen Altersgenossen aus langer Erfahrung hier sagen, daß alle die, die sich künftig für eine solche Kost entscheiden, es nicht bereuen werden. (Natürlich darf man auch von diesem Essen nicht jede Menge in sich hineinschaufeln!) Dies gilt vor allem für übergewichtige Menschen.

DAS ZWEITE HOBBY: SCHREIBEN

Nun aber ein paar Worte zu meinem Hang zum Schreiben, einem Hobby, das mir auch heute noch viel Spaß macht. Obgleich der Sport meine Lieblingsbeschäftigung ist, habe ich meine Freizeit nicht nur auf dem Sportplatz zugebracht. Seit meiner Schulzeit habe ich mir immer Zeit zum Lesen genommen, mich dann in mein stilles Kämmerlein zurückgezogen. Nachdem ich jahrelang damit unzufrieden war, das in mich aufzunehmen, was andere gedacht und erlebt hatten, verspürte ich eines Tages die Lust, auch meine Gedanken und Erfahrungen zu Themen, die mich reizten, anderen mitzuteilen. Ich begann also mit dem Schreiben, mit meinem geistigen Jogging. Von jetzt an betrieb ich also zwei Hobbies nebeneinander. Beide haben in meinen Augen viel gemeinsam: Man strebt auf beiden Gebieten ein Ziel an, im Sport eine besondere körperliche Leistung und beim Schreiben ein druckfertiges Manuskript. Dazu bedarf es der vollen Hingabe. Aber wenn man in seiner Arbeit auch noch so aufgeht, alle Kraft und Konzentration auf die Erreichung seines Ziels einsetzt, läßt sich nicht vermeiden, daß man nicht immer gleichmäßig vorankommt. So wie im Sport Rückschläge eintreten, bleibt es einem auch beim Schreiben nicht erspart, an dieser oder jener Stelle ganze Seiten in den Papierkorb zu werfen, weil der Text nicht genügend durchdacht oder die sprachliche Ausprägung des einen oder anderen Gedankens noch unzureichend ist. Das darf einen nicht entmutigen. Man muß immer wieder mit neuem Elan an die Arbeit gehen, um sich dem Ziel schrittweise zu nähern und endlich die angestrebte Leistung im Sport zu erreichen oder, wie beim Schreiben, mit einem fertigen Manuskript für den Druck zu enden.

Ich atme dann zufrieden auf, bin froh und verspüre Genugtuung darüber, daß das Abrackern auf dem Sportplatz und das Abmühen am Schreibtisch dafür sorgen, daß der Körper auch im hohen Alter gesund und kräftig und der Geist frisch und lebendig bleibt.

Man fühlt sich rundherum fit. Man kann auch im hohen Alter mittendrin im Leben stehen. Das ist kein Flachs! Gesundheit, geistige und körperliche Leistungsfähigkeit sind die Kriterien, die es ermöglichen, auch im Alter in der Gesellschaft mitzuwirken und Anerkennung dafür zu bekommen, was gerade im Alter überaus wichtig ist.

LEBEN IST SCHÖNER GEWORDEN

Mein Leben hat sich nach dem Übergang ins neunte Jahrzehnt in ungetrübter ganzheitlicher Verfassung so abgespielt: Es hat sich gegenüber den vorangegangenen Jahren eigentlich kaum verändert. Es ist sogar beinahe schöner geworden, weil die freudigen Erlebnisse, die einem früher selbstverständlich waren, mit dem Altwerden viel intensiver und dankbarer erlebt werden.

Ich hatte eine Reihe von Auslandsreisen hinter mir und kurz vor meinem achtzigsten Geburtstag ein Buch mit meinen Lebenserinnerungen fertiggestellt, das den Titel „Sport – das Abenteuer meines Lebens" hat. Da drangen meine Angehörigen auf mich ein und sagten: „Du hast jetzt ein Alter erreicht, wo endlich mehr Ruhe in Dein Leben einkehren muß!".

„Ach was, dummes Zeug", wehrte ich ab. Der gut gemeinte Rat meiner Familie stieß bei mir auf keine Gegenliebe. Ich habe schon seit Jahren die Theorie vom

Alterswohlbefinden durch die „endlich wohlverdiente Ruhe“ in den Wind geschlagen. Wer sich im Alter auf Kissen ausruht und sich zu wenig Bewegung macht, der macht es genau verkehrt. Wer im Alter noch lebenstüchtig sein und ein zufriedenes Leben will, muß selber etwas dafür tun. Das ist das Geheimnis. Das ist die Lektion, die mir das Leben erteil hat. Sonst werden einem beim Durchleben des Alters viele schöne Stunden und Erlebnisse vorenthalten, und man kann leicht zu einer Last für seine Umgebung werden. Und jeder weiß hoffentlich, wie grausam das sein kann.

ARBEIT KANN VIEL SPASS MACHEN

Nach dem Übergang in das neunte Lebensjahrzehnt war in meinem Leben jede Menge los. Ich hatte alle Hände voll zu tun. Die viele Geburtstagspost durfte nicht unbeantwortet liegenbleiben. Und da es in diesem Jahr zwei sportliche Höhepunkte für mich gab, die Senioren-Weltmeisterschaften in der finnischen Stadt Turku und den Senioren-Europacup im burgenländischen Oberwart, einem Ort zwischen Wien und Graz, durfte ich mein Training auf keinen Fall vernachlässigen. Meine Lehrveranstaltungen an der Universität liefen weiter, ebenfalls mein Unterricht an der Ausländer-Trainerschule. Für zwei Kongresse galt es, Referate auszuarbeiten, und ich hatte schon wieder mit dem Schreiben eines neuen Buches begonnen, das sich mit dem Training des Olympiasiegers und vielfachen Weltmeisters Sergej Bubka befaßte.

Kann eine solche Vielfachbeschäftigung im Alter nicht zu anstrengend sein? Nein, für den, der sich in guter körperlicher und geistiger Verfassung befindet, kann Arbeit viel Spaß machen; und dieses umso mehr, wenn z. B. die Studenten einem im Unterricht interessiert zuhören, oder wenn man mit seinen ausländischen

Schülern auf dem Sportplatz herumspringen kann und in der Lage ist, ihnen die Techniken der leichtathletischen Disziplinen nicht nur verbal zu erklären, sondern sie selber vorzumachen. Oder wenn die Studentinnen bitten, bei ihrem Frühlingsfest wieder einen Steptanz zum besten zu geben. Man lebt mit dem Gefühl, daß man nicht überflüssig, nicht abgeschrieben ist. So etwas gibt Selbstvertrauen. Das ist auch der Fall, wenn man bei Tagungen als Redner oder für die Leitung eines Lehrgangs gebraucht, oder im alltäglichen Leben daheim benötigt wird, um schwere Wein- oder Obstkisten in den Keller, oder eine ausgediente Nähmaschine auf den Sperrmüll zu schleppen.
Aber die Freuden im Alter erschöpfen sich damit noch lange nicht.

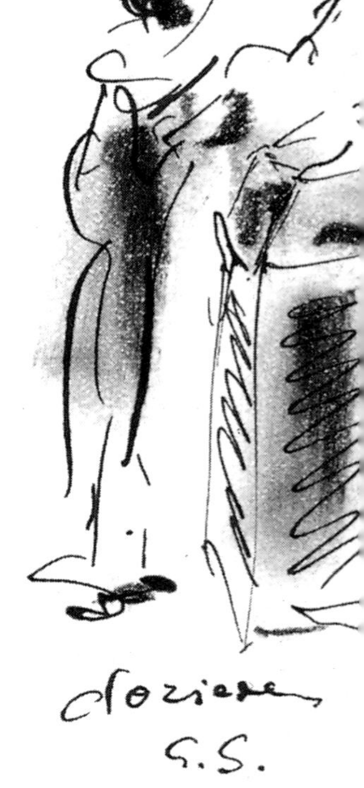

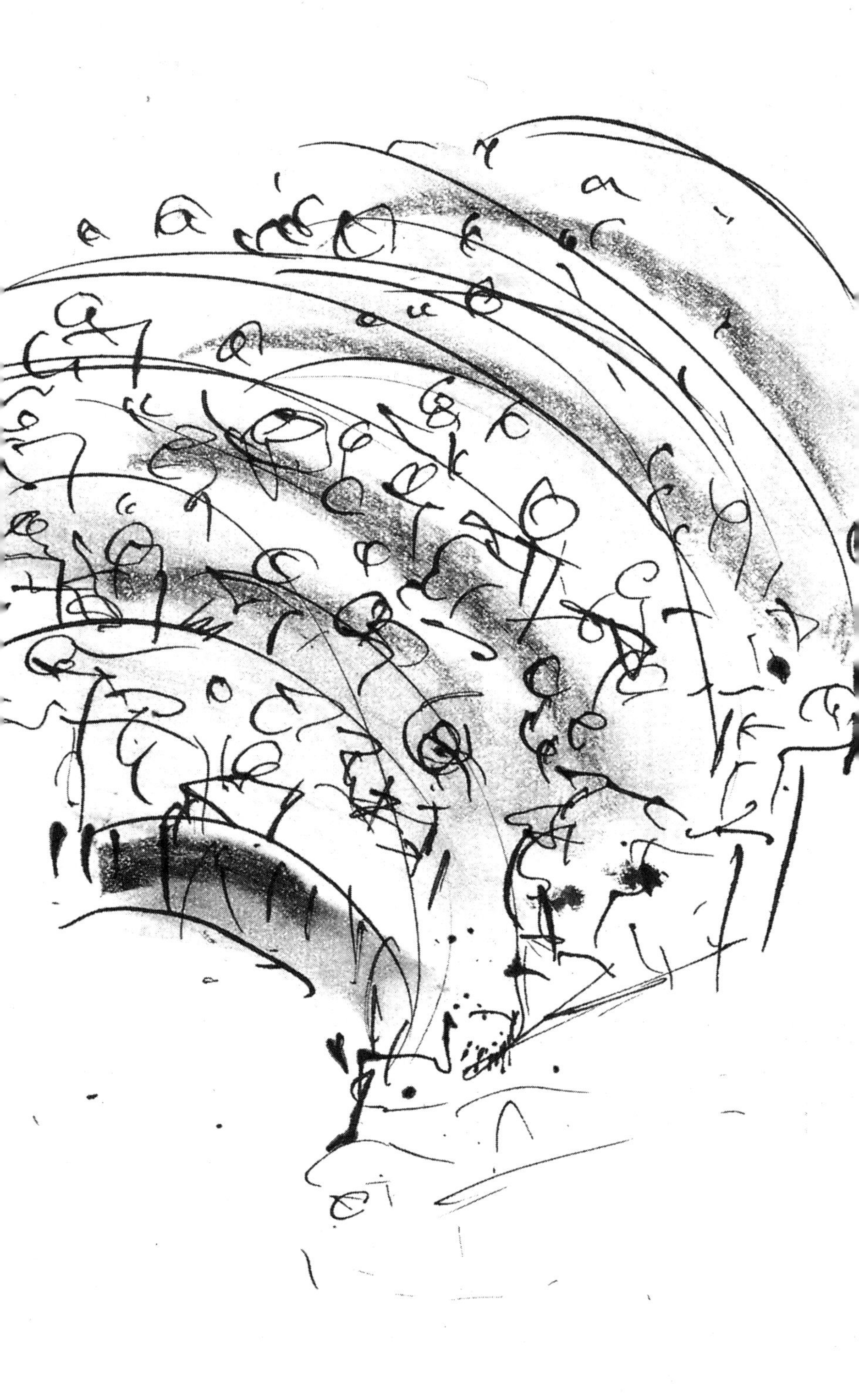

Kann es einen nicht froh stimmen, wenn man mit über achtzig Jahren in den Augen junger Menschen noch kein Tattergreis ist? Dazu drei lustige kleine Geschichten:

Als ich an einem schönen Frühlingstag zum Training auf den Sportplatz kam, übten sich dort ein paar kleine Schulmädchen im Schlagballwerfen und Weitspringen. Nachdem ich etwa eine halbe Stunde trainiert hatte, legte ich mit Schweiß auf der Stirn eine Pause ein. Da kamen zwei der Kids auf mich zu und fragten: „Trainierst Du auch für die Bundesjugendspiele?"

Ein anderes Mal beobachtete ich eine Schar von Knirpsen, die sich auf dem Sportplatz beim Fußballspiel amüsierten. Da geschah es, daß der Ball, mit dem sie spielten, in einem Baum landete, der nicht weit vom Sportfeldrand entfernt stand. Da der Stamm des Baumes für die Buben zu dick war und sie mit ausgestreckten Armen auch nicht den unteren Ast zu ergreifen vermochten, um sich hochzuziehen, warfen sie mit Steinen und Knüppeln nach dem Ball. Als es ihnen auf diese Weise nicht gelang, den Ball herunterzuholen, kletterte ich kurz entschlossen auf den Baum, griff den Ball und warf ihn hinab. Einer der Knirpse fing ihn auf. Aber er rannte nicht fort, sondern wartete, bis ich wieder unten war, um mir auf seine Weise seinen Dank abzustatten: „Wenn Du willst, darfst Du in meiner Mannschaft mitspielen." Ich bedankte mich und erklärte ihm daß ich im Augenblick leider keine Zeit hätte. Noch heute begrüßen mich diese Steppkes, wenn sie auf den Sportplatz kommen und mich sehen, ganz kameradschaftlich mit einem freundlichen „Hallo".

Und noch ein kleines, nettes Erlebnis aus meinem privaten Familienglück mit zwei meiner Enkelinnen, die mich gerne in ihr Spiel einbeziehen, wobei man es erlebt, sich wieder wie Kinder zu freuen. An einem sonnenüberstrahlten Sommertag tobten wir braungebrannt, fidel und munter im Badezeug auf dem Wiesenstück im Garten meines Schwiegersohnes herum. Nach einer Weile reizte es die beiden Mädchen, das Spiel im Schwimmbad des Gartens fortzusetzen. Wir sprangen in weiten Sätzen ins Wasser hinein. Dann bemühten wir uns, den Handstand unter Wasser fertigzubringen. Oder wir stießen uns mit den Beinen ab und versuchten, uns mit angezogenen Knien und angezogenem Kopf wie ein Rad nach vorn zu drehen. Plötzlich sagte die ältere der beiden, Viktoria: „Hol' tief Luft, Opa, wir haben eine Überraschung für Dich!" Damit tauchten diese kleinen Luder meinen Kopf unter Wasser und dies noch einmal und noch einmal. Während sie sich diebisch freuten, nahm ich den Mund voll Wasser und spritzte es wie ein Walroß wieder heraus. Schnell taten sie das gleiche. Als die kleinere von ihnen, Patricia, mich dabei ins Gesicht traf, lachten sie sich schlapp. Dann setzten wir uns endlich zusammen auf den Rasen zum Ausruhen. Dabei machten sie sich über ihre Lieblingsspeise, Pommes frites mit Ketchup, her und gaben – wenn auch nicht leichten Herzens – ab und zu mir ein Pommes-Stäbchen ab, um mich zu erfreuen. Als ich mich von ihnen verabschiedete legte Viktoria die Arme um meinen Hals und sagte: „Opa, wann kommst Du wieder?" – „Warum?" – „Ei, weil Du immer so schön Quatsch mit uns machst", und nach einer Weile des Nachdenkens: „Opa, glaubst Du, daß ich auch bald mit einem Salto ins Wasser springen kann wie Du vorhin?".

SENIORENSPORTLER – ALTE ESEL?

Im August dieses Jahres flog ich zu den Weltmeisterschaften der Senioren nach Turku und erkämpfte mir dort die Bronzemedaille im Hammerwerfen. Im Diskuswerfen belegte ich den vierten Platz.

Mögen die Leistungen, mit denen Senioren bei solchem Kräftemessen erfolgreich sind, auch nicht ausreichen, um von den Medien vermarktet zu werden, so sprechen sie doch eine deutliche Sprache über die erstaunliche Leistungsfähigkeit, die von Alterssportlern durch Training erworben werden kann und die nicht in das Bild unserer Gesellschaft von schwächlichen und gebrechlichen alten Menschen hineinpaßt. Deswegen sind die siegreichen Alterssportler auch stolz auf solche Leistungen, die sie ohne Doping-Pippi erkämpft haben. Viele junge Menschen sind nicht in der Lage, solche Leistungen zu vollbringen! Vielleicht sind diese alten Haudegen, die dem Alter ein Schnippchen schlagen, ihren inaktiven Altersgenossen in ihrer Lebenseinstellung um Jahrzehnte voraus.

Natürlich gibt es Leute, die sich über die Alterswettkämpfer, besonders über die hoher Jahrgänge, negativ äußern: „Diese alten Esel haben doch nicht mehr alle Tassen im Schrank. Um Gottes willen, wollen die sich unbedingt mit einem Herzinfarkt umbringen?"

Wie ich zu einer solchen Meinung stehe? Laß diese Leute, die überall ihre Nase hineinstecken, doch reden!

Mich ändern sie nicht. Der Wettkampf ist ein Teil des Sports, den ich liebe, der mir Spaß macht und mich gesund erhält. Und mir blüht bei meiner Lebensart, die von der traditionellen Form abweicht, auf keinen Fall das gleiche Schicksal wie den vielen verdrossenen, mißmutigen alten Menschen, für die sich niemand interessiert.

Wie kam es, daß es bei den Senioren-Weltmeisterschaften in Turku für mich nicht optimal gelaufen war? Warum war ich dort weniger erfolgreich als in den vorangegangenen Jahren?

Ich war zu sehr mit dem Schreiben meines neuen Buches beschäftigt gewesen, hatte dadurch mein Training vernachlässigt und ich sagte mir daher: „Komm, Berno, alter Junge, du mußt jetzt wieder stärker trainieren, wenn du vom Europacup nicht mit leeren Händen heimkommen willst. Jetzt galt es also, mit Volldampf das Versäumte nachzuholen. Durch immer bessere Leistungen im Training erkannte ich, daß ich wieder richtig in Form kam. Ich bekam Biß auf die Wettkämpfe beim Europacup. Trotzdem war ich gar nicht so sicher, daß ich gut abschneiden würde. Konnte es nicht sein, daß mir die tausend Kilometer Anreise am Steuer mei-

nes Pkw nach Oberwart nicht noch am nächsten Tag in den Knochen stecken würden? Aber es klappte. Ich errang in beiden Mehrkämpfen, dem Weight-Pentathlon, bestehend aus Kugel-, Speer-, Diskus-, Hammer- und Gewichtwerfen und im Skotorama (fünf mal drei Versuche Kugelstoßen aus dem Stand mit fünf verschiedenen Gewichten) die Goldmedaille.

Gutgelaunt steuerte ich mein Auto am nächsten Tag nach der Siegesfeier und dem abendlichen Zusammensein mit guten alten Freunden wieder die Tausendkilometer-Strecke zu meinem Heimatort Kirn zurück. Nach einer angenehmen und gemütlichen Woche im trauten Familienkreis wurden aber schon wieder die Koffer gepackt. Ich folgte einer Einladung zu den Leichtathletik-Weltmeisterschaften nach Tokio, wo ich bei der Preisverleihung des Dr.-Hans-Heinrich-Sie-

vert-Preises an den früheren Olympiasieger und Weltmeister im Dreisprung und jetzigen Ehrenbürger von Hiroshima und Tokio, Mikio Oda, die Laudatio halten durfte. Der lange Flug nach Tokio, die Zeitumstellung, das feuchtwarme Augustwetter in Japan bei Temperaturen von über 32 °C taten mir nichts.

Die Tage in Tokio waren ein großes, schönes Erlebnis für mich. Von zehn Uhr morgens bis zum Abend saß ich im Olympiastadion, um den interessanten und spannenden Wettkämpfen zuzuschauen. Große Freude bereitete mir auch der von den Japanern organisierte „Mainzer Abend“, zu dem Studenten, Athleten, Trainer und Professoren, die in Mainz studiert und trainiert hatten, oder zum Meinungsaustausch nach Mainz gekommen waren, in einem Hotel in Tokio zusammenkamen. Es war ein herrliches Fest, bei dem gelacht und gesungen, gut gegessen und getrunken und viele frühere gemeinsame Erlebnisse ausgekramt wurden.

SPORTLICHER ERFOLG ALS ANSPORN?

Völlig gesund und putzmunter kam ich aus Japan zurück. Also ran an die Arbeit, um mein Buch über Bubka zu Ende zu schreiben. Es war nicht mehr viel zu tun. In drei Wochen war es geschafft. Hurra, das war ein Grund zum Jubeln!

Inzwischen waren Einladungen zu Vorträgen und Lehrgängen in die Schweiz, nach Taiwan, Südafrika, nach Brasilien und Estland eingegangen und ebenfalls die Ausschreibung für die nächsten Senioren-Europameisterschaften in Kristiansand in Norwegen. Den Flug zu den Olympischen Spielen nach Barcelona hatte ich schon gebucht. Ich brauchte also nicht zu befürchten, daß meine Reiselust in Zukunft zu kurz kommen würde. Ich freue mich schon auf die Wettkämpfe in Kristiansand, auf neue Erlebnisse und Abenteuer und auf die Begegnung mit alten Freunden hier und da auf dem Globus, der mir mittlerweile zur Heimat geworden ist. Ich bin voller Lebensfreude und verstecke meine Gefühle nicht. Manchmal singe ich schon am frühen Morgen in blendender Laune vor mich hin. Vögel, die am Morgen singen, holt am Abend nicht die Katz! Die andere Behauptung des Volksmundes stimmt ganz sicher nicht. Das steht für mich fest.

Das also ist mein Leben im neunten Lebensjahrzent. Jeder Tag bedeutet mir ein Stück Glück und ich bin stets neugierig auf den nächsten Tag.

Kann man da nicht neidisch werden? Ja, Altsein kann wirklich viel Spaß machen. Nicht, weil das Schicksal ein besonders freundliches Auge auf einen wirft, sondern weil man es selbst in die Hand genommen hat, im Alter körperlich und geistig fit zu sein. Mit diesem wichtigen Schlußgedanken will ich meine Story beenden.

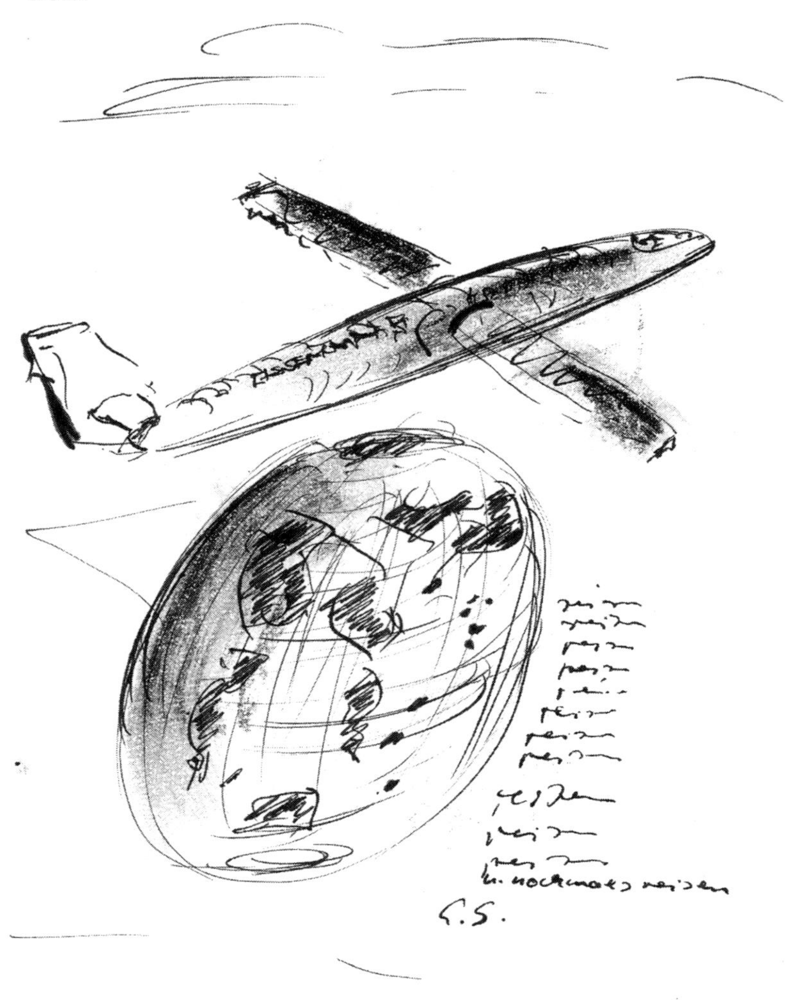

SO WIE ER...

Ich weiß nicht, was ich am meisten an ihm bewundern soll. Sein Aussehen mit 82, seine Ideen für viele weitere Jahre, seine positive Lebenseinstellung, seine Bereitschaft, stets für andere da zu sein. – Ich weiß es nicht.

Manchmal frage ich mich, wie es wäre, wenn alle in seinem Alter so wären wie er. Keine Altersheime, leere Krankenhäuser. Ob dann unser soziales Netz zusammenbrechen würde?

Vielleicht würde man weniger über ihn reden, wenn es mehr gäbe wie ihn. Ganz sicher sogar.

Wenn er uns besucht, dann geht das Leben los. Dann kommt Mobilität in unser Sporthaus in Mainz. Das kenne ich sonst bei keinem Jüngeren.

Ich weiß wirklich nicht, was ich an ihm so mag. Ich weiß nur eines: Wenn ich einmal 82 werden sollte, ich möchte so sein wie er.

Hans-Peter Schössler